CINQ CENTIMES. — 2ᵉ ÉDITION.

A LA LIBRAIRIE BALLARD, RUE DES BONS-ENFANTS, 1.

POINT
DE COUP D'ÉTAT!
POINT D'INSURRECTION!

PAR M. P. PRADIÉ,
Représentant du Peuple.

LE DÉMOCRATE. — Je m'aperçois, en vous écoutant, que les rôles entre vous et moi sont complétement intervertis. Vous étiez un conservateur, il y a deux ans, et les républicains étaient des révolutionnaires; c'est tout le contraire maintenant.

Je prêche la paix et la concorde, le respect de la Constitution et des lois, et il ne s'exhale de votre bouche que des paroles d'amertume et de découragement. A entendre vos amis, il faut se défaire au plus tôt d'une légalité qui nous tue, et livrer au hasard d'une nouvelle révolution une société qui ne demande que le repos. — Cela n'est pas sage, croyez-moi, et comme vous êtes un homme prudent, je vous engage à y réfléchir à deux fois, avant de lancer le pays dans une pareille aventure.

LE CONSERVATEUR. — Pas plus que vous je ne voudrais d'un coup d'Etat. S'il suffit, pour le tenter, de l'ambition d'un fat, il faut pour réussir une grande improbité unie à une grande intelligence; il faut avoir rendu des services importants à la société, être accepté par le pays, n'être pas en butte aux attaques des partis, être soutenu par la presse, ne pas trouver des finances obérées, pouvoir immédiatement entreprendre quelques réformes populaires, quelque guerre glorieuse ; ou bien il faut s'ériger en dictateur, supprimer la tribune et la presse, détruire toutes nos libertés, régner par la loi du sabre, avoir une armée dévouée, des généraux sur lesquels on puisse compter, commander à un peuple dégradé, à une bourgeoisie vile et rampante, à une aristocratie sans dignité, à une société sans livres, sans journaux, sans orateurs, sans philosophes, sans poëtes, enfin à une nation en décadence. Or j'ai une trop grande estime de mon pays, et je n'ai de ceux qui nous gouvernent ni une assez haute ni une assez mauvaise opinion pour les croire capables de tant d'habileté ou de tant de bassesse. Il est dans l'histoire bien peu de coups d'État qui aient réussi, et ceux qui les ont faits, c'étaient César et Napoléon. Encore n'ont-ils pas joui longtemps du fruit de leur crime. Leur gloire n'a pas été pour eux un rempart suffisant contre les traits de leurs ennemis. L'un est tombé misérablement sous les coups d'un meurtrier, l'autre est allé mourir sur un rocher, au fond de l'Océan, à quinze cents lieues du théâtre de sa grandeur.

Je pense en outre qu'une première dictature, fût-elle colorée des plus spécieux prétextes d'ordre et de conservation, serait bientôt suivie d'une seconde d'une couleur tout opposée, qui nous conduirait je ne sais où, et nous livrerait nous, nos familles et nos biens, à la merci du plus audacieux. Ah ! plutôt mille fois un présent qui nous pèse, qu'un avenir aussi incertain !

Le Démocrate. — Je me plais jusqu'ici à rendre hommage à votre circonspection et à la justesse de vos prévisions. Tenter un coup-d'État, c'est le refus de l'impôt, c'est l'insurrection, c'est la guerre civile, c'est l'incendie, c'est le pillage. Or il serait bien coupable l'insensé qui tenterait de nous précipiter et qui se précipiterait avec nous dans ces redoutables éventualités, et ils seraient bien dignes de pitié ceux qui, pour satisfaire une sotte vanité et une basse convoitise, l'encourageraient dans une pareille tentative. Livrer, par pur sentiment d'égoïsme, sa patrie aux factions, sa patrie qui vous a donné la vie, qui vous a nourri, qui vous a comblé d'honneurs et de biens, qui a fait pour vous l'office d'une mère ; oh ! c'est la plus grande des ingratitudes, quand ce ne serait pas le plus grand des crimes.

Aussi je suis de votre avis, je ne crois pas aux coups d'État, et bien qu'il soit difficile de mesurer d'une manière exacte jusqu'où peut aller l'extravagance humaine, je ne pense pas qu'il puisse y avoir en France un homme assez ingrat, assez dépourvu de sens moral, assez ennemi de lui-même et de son pays pour vouloir se déshonorer, déshonorer ses amis, s'exposer et les exposer à la honte d'une flétrissure infamante, et livrer la société à toutes les éventualités d'une situation révolutionnaire encore sans précédents dans l'histoire, pourtant si pleine de nos discordes civiles.

Et puis votre parti est trop habile et surtout trop circonspect pour jouer aux aventures. Divisé en trois camps irréconciliables, aussi bien par les principes que par les souvenirs et les tendances, il se surveille d'un œil jaloux, il se fait la police à lui-même, et, par une circonstance toute particulière, la fraction la plus faible, la plus impuissante, la fraction impérialiste, élevée par les deux autres au pouvoir, trouve dans la position même qu'on lui a faite de quoi suppléer à sa faiblesse et tenir en échec ses deux émules en ambition. Le bonapartisme n'est rien par lui-même, il n'existe pas aux yeux d'un esprit sérieux, et il n'y a pas un homme qui aime son pays qui ne considérât comme la plus honteuse des ignominies de le voir tomber sous un régime qui le ferait descendre plus bas que le bas empire. Le légitimisme est le plus fort des trois, au point de vue de la tradition historique, et il invoque à son profit un simulacre de principe. Mais il est plus faible que l'orléanisme par le nombre ; autour de celui-ci se groupent des intérêts nombreux, une bourgeoisie influente et cette masse énorme de transfuges de tous les partis, de toutes les sectes, de toutes les religions, qui, ne croyant plus à rien, font consister leur politique à se mettre en équilibre entre les deux extrêmes, à s'attribuer les émoluments des révolutions qu'ils n'ont pas su empêcher, et à être toujours en mesure *d'occuper les emplois* ; ce que, par pudeur de langage, ils appellent *servir le pays.*

Ainsi le bonapartisme n'est rien par lui-même, mais il trouve dans la force que donne le pouvoir de quoi tenir en respect les deux autres fractions. Le légitimisme est peu nombreux, mais il supplée à sa faiblesse par l'orthodoxie de son royalisme. L'orléanisme est celui qui compte le plus d'adhérents, il est le plus actif, le plus vivace, le plus habile à tourner une position, à profiter d'une faute, à s'emparer d'une situation. Royaliste en 1815 pour se défaire du bonapartisme, il s'est fait révolutionnaire en 1830 pour se défaire du légitimisme, et il se fait maintenant dévot et réacteur pour se débarrasser du républicanisme. Mais comme, dans toutes ses chutes et quoi qu'il arrive,

Il retombe toujours sur les pieds, soyez sûr qu'après s'être défait de la république, il saurait retrouver ses anciens masques pour se défaire du nouvel empereur comme de la nouvelle légitimité. Qu'il ne se décourage donc pas, qu'il persévère, et je puis lui prédire que très-certainement il restera maître de la position et qu'il pourra comme toujours continuer de père en fils ses *services* à l'Etat... à moins que le pays, touché de tant de zèle et de persévérance à le servir, dans les préfectures, les tribunaux, l'armée, la marine, les contributions, l'Université, les facultés, les académies, les missions scientifiques et littéraires, les consulats, les ambassades et les ministères, ne songe enfin à liquider ses droits incontestables à la retraite.

J'ai prouvé : 1° Que le bonapartisme est impossible, parce qu'il aurait contre lui le légitimisme, l'orléanisme et le républicanisme, c'est-à-dire quelque chose comme trente-cinq millions d'hommes dans une nation de trente-cinq millions d'âmes. J'ai prouvé que l'orléanisme et le légitimisme, à quelque nuance près, se trouveraient dans le même cas que leur confrère en coalition. 2° J'ai prouvé qu'alors même que, par impossible, la conjuration tomberait d'accord sur les voies et moyens et même sur le but, il y aurait encore à compter avec le parti républicain, et ce n'est pas peu dire, car celui-là, on le sait bien, ne se laisserait pas déposséder sans brûler une amorce; or, la mêlée serait sérieuse. A en juger par les dernières élections, — et les futures ne seront pas moins significatives, — la République ne compterait pas moins de la moitié de la France, en prenant pour terme de comparaison, non pas les colléges électoraux désormais en grande majorité acquis à la démocratie, mais les deux départements les plus royalistes de France : la Gironde et le Gard. Voyez donc le progrès des *mauvaises* doctrines (les bonnes doctrines sont celles des ennemis de la Constitution et des lois, ou, ce qui est la même chose, de la République), voyez donc le progrès des mauvaises doctrines : à l'élection du président, le 10 décembre, deux millions d'électeurs sur huit votèrent pour les candidatures républicaines, soit le quart en bonne arithmétique ; aux élections du 13 mai, près de trois millions votèrent pour des listes non suspectes de royalisme ; cela fait le tiers. Aux élections du Gard et de la Gironde, c'est la moitié. En supposant donc, ce qui n'est pas, qu'on ne soit pas plus républicain ailleurs que dans la patrie de MM. Béchard et Denjoy, ce serait avec la moitié de la France qu'il y aurait à compter si on s'avisait de lui demander ce qu'elle pense d'un coup d'Etat; et cette moitié, soyez-en sûr, ne serait pas la moins résolue, la moins ferme, la moins énergique, quand il s'agirait de rappeler au culte de la légalité, notre seule ancre de salut dans le naufrage de toutes les croyances, ceux qui, par pur amour de l'ordre, tenteraient de violer la Constitution et les lois.

Aussi, je le répète pour la dixième et dernière fois, je n'ai qu'une médiocre appréhension de ce côté. Il n'y a qu'un fou à la cinquantième puissance qui pourrait songer à un *coup d'Etat violent*. Soyons francs, voulez-vous que je vous dise quel est le sujet de mes inquiétudes? Vous poussez, vous Messieurs les conservateurs, *à un coup d'Etat législatif*. Je m'explique.

Voici le raisonnement que vous commencez à vous faire : Ces fous de républicains n'étaient pas aussi imbéciles que nous nous l'étions imaginé, et ils y voyaient d'un peu plus loin que nous, quand ils nous disaient sur tous les tons, sous toutes les formes, que nous ne comprenions rien à la révolution, rien au suffrage universel, dans lequel elle réside tout entière. « Ah ! messieurs les royalistes, nous disaient-ils, et c'est ce qu'ils nous disent encore tous les jours, vous voulez gouverner en République comme on gouvernait en monarchie, avec gendarmes, commissaires de police et geôliers, avec des légions de fonctionnaires, des armées de cinq cent mille hommes, et un budget de 1,600 millions. Prenez-y garde, vous vous trompez; un pareil système politique n'a aucun rapport avec le régime nouveau, avec le régime du suffrage universel. Vos idées, vos préjugés, votre éducation, ne sont nullement en harmonie avec les exigences d'un état démocratique. Nous y voyons de plus loin que vous, non que nous soyons plus intelligents, plus perspicaces, mieux doués du don de seconde vue, mais uniquement parce que nous n'avons pas sur les yeux le même bandeau que vous, le bandeau de vos habitudes, de vos affections, de vos liens avec le passé. Encore une fois, prenez-y garde, vous ne porterez pas loin vos illusions; on ne s'entête pas ainsi contre la force même des choses. Votre situation est fausse et illogique; elle n'est pas tenable; vous tomberez honteusement devant le suffrage universel. En face d'un peuple tout entier, d'un peuple que l'on prend pour juge, une situation fausse, équivoque, illogique, ne saurait être de longue durée. » Voilà ce que nous disaient ces fous de républicains il y a deux ans, et ce qu'ils nous répètent tous les jours à la tribune et dans leurs journaux. Or, toutes les fois qu'il y a une élection à faire le scrutin, vient leur donner raison. Est-ce donc qu'ils auraient plus d'esprit que nous? Non, assurément, et il n'y a pas de comparaison à établir à cet égard, et cependant ils y voyaient mieux que nous. D'où cela vient-il? Est-ce qu'ils seraient dans la vérité? Vraiment, il faut bien qu'il en soit ainsi, car sans cela ils auraient été plus clairvoyants que nous ; or, cela est impossible : leur intelligence de la situation, la rigoureuse exactitude de leurs jugéments, que la pratique du suffrage universel est venue complétement vérifier et confirmer, ne sauraient avoir leur cause dans une supériorité de raison sur nos hommes d'Etat. Nous les avons vus à l'œuvre, ces fous de républicains, et vraiment nous sommes aussi habiles qu'eux. Nous avons entendu leurs orateurs, et les nôtres ne sont pas moins éloquents. D'où vient donc qu'ils ont mieux, infiniment mieux jugé de la situation que nos amis les plus habiles? Vraiment, oui, c'est qu'ils sont dans la vérité. Que faire alors ? si nous laissons plus longtemps fonctionner librement le suffrage universel, nous sommes perdus. Ah ! plutôt, détruisons le suffrage universel et prorogeons les pouvoirs du président.

Voilà le raisonnement que l'on fait tout bas et que les alarmistes, les boute-en-train de la réaction, commencent à faire tout haut ; voilà ce que j'appellerais un coup d'Etat législatif, si l'Assemblée, ce que je suis loin de croire, était assez insensée pour prêter l'oreille à de pareilles folies.

Le Conservateur. — Et trouvez-vous que ce soit mal raisonner? Faut-il, parce qu'on s'est trompé d'abord, parce qu'on a mal jugé de la situation, laisser périr la société, quand il est encore temps de la sauver?

Le Démocrate.—Ah! je vous reconnais bien là, messieurs les hommes de conviction et de principes! Que le suffrage direct et universel, objet de votre ancienne haine, et que vous entouriez naguère de vos hommages, vous mette à la porte des assemblées populaires et y appelle des hommes qui ont une plus haute intelligence des conditions même de la démocratie, alors tout est perdu ; à vous en croire, la propriété est menacée, la famille est anéantie, la société s'abîme dans le sang, la fin du monde est arrivée ; tout cela parce que vous avez disparu de la scène politique. Mais d'où vous vient, s'il vous plaît, tant de fatuité? Vous avez fait vos preuves, n'est-ce pas? Quand on a tant de vanité, quand on se croit prédestiné au gouvernement de ses semblables, que l'on en fait son affaire à soi, son bien, sa propriété, faut-il tout au moins avoir des antécédents irréprochables, et s'être conduit, quand on gouvernait pour son propre compte, de manière à ne laisser aucune prise à la malignité de la critique.

Or, souvenez-vous de 1815, messieurs les bonapartistes, et vous de 1830, messieurs les légitimistes, et vous de 1848, messieurs les orléanistes. Voilà trois dates flamboyantes, comme les caractères mystérieux du festin de Balthasar, dates pleines de hautes et sévères leçons, n'est-ce pas? Méditez sur ces dates, messieurs, si vous voulez vous exciter à la contrition et à la modestie : vous en avez besoin, croyez-moi. Vous dites: La chute de Napoléon I mais c'est à son ambition qu'il faut l'attribuer. Oui, sans doute, mais est-ce que je prétends que vous n'avez pas de l'ambition, vous aussi, et bien moins justifiable? Vous dites encore : La chute de Charles X ! mais c'est la faute de son ministère, et l'entêtement, l'aveuglement du chef de son cabinet; mais c'est la violation de la Charte! Est-ce que je dis le contraire? Est-ce que je prétends que vous ne faites pas des fautes, qu'il n'y a pas chez vous de l'entêtement, de l'aveuglement, et une presse insolente qui rêve coups d'état et violations de la Constitution!

La chute de Louis-Philippe! mais c'est l'obstination de M. Guizot à ne vouloir rien faire, rien, absolument rien, c'est son système de corruption! Oui, sans doute, des fautes, toujours des fautes. Mais est-ce que vous n'en faites pas et de plus fortes? Vos lois contre la presse, contre le colportage, contre les associations, contre les instituteurs, contre les banquets, mais elles sont mille fois plus oppressives et répressives que celles contre lesquelles se récriait si fort l'opposition constitutionnelle d'alors, qui depuis... Une partie de la France est en état de siége; le reste, en attendant le même sort, subit vos vexations, vos perquisitions domiciliaires. Des instructions judiciaires, des procès sans nombre sont intentés et jugés les trois-quarts du temps contre vous, après de longues détentions préventives. Vous, hommes des trois partis, vous injuriez, vous calomniez, vous insultez de toutes les façons vos adversaires politiques, dans vos livres, dans vos journaux, dans vos discours. Vous faites des républicains une véritable classe de suspects; vous les faites surveiller par votre police, par votre gendarmerie; vous les chassez de tous les emplois comme des hommes dangereux, comme des corrupteurs de la société, comme des empoisonneurs publics.

Et vous trouvez que ce ne sont pas là des fautes! Oui, oui, je le vois bien, vous n'avez rien appris, rien oublié. Allons donc, pas de déguisement. Je vous connais, légitimistes : vous êtes Polignac ; et vous aussi orléanistes : vous êtes M. Guizot. Le masque est changé, voilà tout, au fond ce sont les mêmes hommes. Seuls et isolés, vous avez été impuissants à gouverner, vous vous êtes perdus, entraînant dans votre chute les pouvoirs confiés à votre direction. Maintenant vous vous êtes coalisés, vous vous êtes mis à trois. Eh bien, vous n'en serez que plus faibles. Ajouter négation à négation, impuissance à impuissance, on n'a jamais qu'impuissance et négation. Vous avez péri isolément, les uns après les autres, les uns par les autres ; vous périrez ensemble, vous tomberez ensemble dans la même fosse. Il n'y aura pas d'autre différence entre vos chutes passées et votre chute prochaine, sinon qu'après avoir péri un à un, vous périrez à trois. Je vous le prédis, et ma prédiction se vérifiera, soyez-en sûrs. Vous vous flattez peut-être de ressusciter tour à tour votre passé ? Illusions que tout cela. On ne meurt pas deux fois de la même manière. Une fois vous êtes morts isolément, il vous reste à mourir en compagnie, et voilà tout.

Eh bien, je dis qu'avec de pareils états de service, il faudrait être un peu moins fier, quand il s'agit de porter un jugement sur le mérite du suffrage universel. Parce que vous pressentez déjà qu'il vous mettra en disponibilité, vous vous écriez : C'est la décadence, c'est la ruine de la société, c'est la fin du monde. Eh oui, c'est la décadence, c'est la ruine et la fin de quelque chose. Mais ce quelque chose, c'est vous ; vous, devenus minorité ; vous, disparaissant devant la majesté du peuple souverain, prononçant en dernier ressort votre arrêt de mort. Est-ce qu'il n'y a pas assez longtemps que vous régnez sur la France ? Est-ce que votre décrépitude n'est pas assez avancée, et attendez-vous de tomber de vous-mêmes en dissolution ? Je vous le dis, au risque de vous déplaire, le peuple est fatigué de vous, il n'a plus affaire de vos *services*. L'heure de la retraite a sonné, prenez votre congé, doucement, sans bruit, et ne soyez pas si fiers. Vous auriez tort de l'être, il n'y a pas matière à cela, et surtout ne vous avisez pas de toucher au suffrage universel. Je vous le conseille en ami.

Le Conservateur. — Y pensez-vous ? Mais si nous ne faisons pas subir au suffrage universel des modifications profondes, je vois le socialisme arriver, enseignes déployées, et ma famille, et ma propriété, et mon emploi, que vont-ils devenir ?

Le Démocrate. — De votre emploi, je n'en répondrai pas. Vous savez ce que votre parti a fait des fonctionnaires républicains ; il a donné là un fort mauvais exemple. Rassurez-vous toutefois. Vous êtes un brave homme, n'est-ce pas ? un homme convaincu et honnête. Vous ne conspirez pas contre la République ; vous la servez fidèlement, comme vous avez servi la royauté. Eh bien, on fera pour vous une exception; on ne sera pas à votre égard aussi injuste qu'on l'a été pour beaucoup de républicains.

Quant à votre famille et à votre propriété, est-ce sérieusement que vous les croyez menacées? Nous prenez-vous donc pour des voleurs de grand chemin, qui le jour où nous serons aux affaires viendrons, le poing sur la gorge, vous demander la bourse ou la vie? Quoi! les trois millions de braves ouvriers et d'honnêtes paysans qui nous ont donné leurs voix et qui sont aujourd'hui, au moment où je vous parle, au moins cinq millions, vous croyez que ce sont des gens à tout faire? Mais c'est le pays! mais prenez-y garde, outrager ces bonnes gens, c'est outrager la nation! Car le jour où ces cinq millions d'électeurs feraient sortir de l'urne élector le une assemblée républicaine, ce jour-là, c'est nous qui serions le pays, et vous ne seriez qu'une faction, si vous vous refusiez à incliner le front devant la majesté de cet arrêt souverain.

Ah! vous voulez faire violence au pays. Ah! vous, anciens partis, vous voulez porter atteinte à la loi électorale, au suffrage universel, et nous, républicains, nous nous portons les défenseurs de cette loi, les défenseurs de la Constitution! Vous reconnaissez donc que la nation n'est plus avec vous, ou qu'elle ne sera bientôt plus avec vous? Et dans cette prévision qui vous fait tourner la tête, vous songez à ressusciter les priviléges, les monopoles, mais au profit de qui? à votre profit. Malheureux! j'avais bien raison de dire que vous n'étiez que des égoïstes, que des ambitieux, que des hommes de coterie, que des doctrinaires; que pour vous le pouvoir est une propriété de famille à laquelle il n'est permis à personne de toucher. Allons donc! soyons sincères; et le jour où vous soumettrez aux grands pouvoirs de l'Etat votre prétendue organisation du suffrage universel, inscrivez en tête de votre pétition les considérants suivants; au moins ce sera franc :

« Considérant que le suffrage universel, qui a jusqu'ici fonctionné pour nous, et que, à raison de cela, nous avons depuis le 24 février jusqu'à ce jour exclusivement, entouré de nos hommages, de nos respects, de notre dévouement chevaleresque et sans bornes, s'est malheureusement fourvoyé et fait mine de vouloir donner la majorité à nos ennemis;

« Considérant qu'il est dès à présent suffisamment convaincu d'entretenir avec le socialisme des rapports et des affinités menaçantes pour la société, l'ordre public, la propriété, la famille et la religion;

« Considérant que le meilleur moyen de garantir la liberté, c'est de la préserver de ses propres excès, en la supprimant complétement;

que le moyen, non moins efficace, de sauver la Constitution et de la faire respecter, c'est de modifier, remanier et supprimer au besoin les articles dont la conservation entraînerait notre déchéance politique et ferait arriver nos adversaires au pouvoir ;

« Considérant que la République n'est faite que pour les royalistes, que les républicains la compromettraient inévitablement par leur incapacité, leurs exagérations, leurs violences, leur inexpérience et que nous, qui administrons le pays depuis un temps immémorial, avons seuls les connaissances requises et nécessaires pour bien conduire les affaires, que dès lors il importe au salut de la République — à laquelle nous sommes dévoués et que nous ententendons *servir* jusqu'à la mort, — de conserver pour nous et notre descendance à perpétuité les divers ministères, emplois de terre et de mer, ambassades, suprême magistrature, etc., etc. ;

« Nous décrétons :

« Art. 1er. — Le suffrage direct, universel et au scrutin de liste, est supprimé.

« Art. 2. — Les élections se feront à deux degrés.

« Art. 3. — Les électeurs du premier degré seront nommés à la commune, le dimanche, au sortir de là messe paroissiale, au son de la cloche, par les soins de M. le maire, qui sera nommé par M. le préfet, et qui tiendra note du nom de tous les électeurs et des votes par eux émis.

« Art. 4. — Ne seront point électeurs les citoyens âgés de moins de vingt-cinq ans, n'ayant pas un domicile de plus de deux ans dans la commune, et n'étant pas inscrits au rôle des contributions directes pour une somme de.... (Je laisse la somme en blanc. D'après les principes de la doctrine, le chiffre devra être calculé de manière que les candidats doctrinaires réunissent le plus grand nombre de voix.)

« Art. 5. — Les électeurs du second degré devront se réunir au chef-lieu d'arrondissement et procéder publiquemement, à bulletin ouvert et à la majorité absolue, à l'élection des représentants du peuple. M. le préfet ou sous-préfet, nommé par M. le président de la République, devra prendre note du nom de tous les électeurs et des votes par eux émis, afin d'éclairer la religion du Pouvoir dans la distribution des faveurs, places et emplois.

« Art. 6. — Si l'assemblée nommée n'était pas composée en majorité d'hommes d'ordre, appartenant au parti *honnête et modéré*, M. le président de la République, chargé de faire respecter les lois et de conserver la société, c'est-à-dire de maintenir MM. les doctrinaires dans leurs places et emplois, devra dissoudre l'assemblée et faire procéder à de nouvelles élections sur des bases différentes et arrêtées par décret ou ordonnance.

«Art. 7. — *Le chef de l'État,* les quatre grands généraux divisionnaires, les généraux et commandants de la force publique sous leurs ordres, sont chargés de l'exécution du présent décret. Tout citoyen qui s'insurgerait ou qui protesterait par paroles, écrits, ou même par simples gestes contre la prétendue violation de la Constitution, devra être immédiatement arrêté et fusillé.

«Et vive la Constitution ! vive la République ! »

Comme tout cela serait *honnête et modéré!* Qu'en pensez-vous ? Voilà pourtant, Monsieur, ce que certains de vos amis, encore plus imbéciles que dangereux, ne cessent de réclamer des deux grands pouvoirs de l'État, au nom des intérêts conservateurs de la société ! Soyons francs et convenez qu'il n'y a pas de doctrine, de parti, de secte, de religion, qui n'ait ses fanatiques et ses énergumènes, et que l'on peut être anarchique de plus d'une façon. Convenez encore que c'est nous qui sommes les véritables conservateurs de la société, les vrais amis des lois, et que nous vous donnons dans cette circonstance l'exemple de la sagesse, de la modération et du désintéressement, comme nous vous l'avons donné le 4 mai, le 20 décembre, quand, dans ces deux circonstances mémorables, nous avons déposé nos pouvoirs dans des mains qui, à tort ou à raison, ne passaient pas pour être trop favorables à la forme républicaine. Imiterez-vous cette loyale et noble conduite? Oui, si vous êtes des républicains ; non, si vous n'êtes que des royalistes.

Ceci ne s'adresse à aucun pouvoir, à aucun personnage *officiel.* Je tiens à ce que mes paroles n'aient rien d'offensant pour personne. Mes critiques, pour si vives qu'on les trouve, ne sont dirigées que contre les anciens partis ; or, ces partis ne sauraient exister d'une manière officielle. Ils sont forcément placés en dehors de la Constitution et des lois de mon pays. C'était mon droit, mieux que cela, c'était mon devoir de les dénoncer à mes concitoyens comme un danger public, le plus grand que la société puisse courir en ce moment. Cela posé, je dis qu'un peu plus tôt ou un peu plus tard ces vieux partis se laisseront entraîner malgré eux à la suite de ces esprits brouillons et turbulents qui les poussent en ce moment hors des voies de la légalité. Or, cela arrivera fatalement, inévitablement, le jour où ces esprits aveugles et obstinés s'apercevront que le suffrage universel va mettre un terme à leur fatale influence. Ce phénomène se réalisera dans six ans, dans dix ans, je ne sais, mais il se réalisera, n'en doutez pas. Car il est dans la nature inéluctable des choses que le suffrage universel produise tôt ou tard une assemblée républicaine ou une assemblée *rouge, jacobine, montagnarde, socialiste*, pour me servir du langage de vos amis les *modérés;* de même qu'il est dans la nature des choses, l'histoire est là pour l'attester, que les partis sans principes, sans honnêteté, sans convictions politiques, que les partis égoïstes, qui croient que le pouvoir est fait pour eux, s'opposent par tous les moyens à ce qu'une pareille assemblée vienne jamais les supplanter. Les légitimistes, en 1830, ont-ils cédé? Non. Les conservateurs, en 1848, ont-ils cédé? Non. Il est dans la nature des partis d'en agir ainsi. Les doctrinaires de la République ne céderont pas davantage. Les rudes leçons de l'histoire, leur propre expérience, rien ne saurait les éclairer. Les vieux partis feront donc, cela est certain, tout ce qu'ils croiront utile à la conservation de leur influence. Ils ne céderont que devant l'irrésistible force des choses. La révolution n'est donc pas finie. Nous ne sommes donc pas entrés dans l'état normal et régulier de la République.

Il y a contradiction entre le bonapartisme et la Constitution, entre le légitimisme et la Constitution, entre l'orléanisme et la Constitution. A moins de renoncer à leurs prétentions respectives, à leur propre idéal, ces trois partis, en tant que partis, constituent trois factions dans l'Etat, trois factions qui heureusement se neutralisent entre elles en se tenant respectivement en échec, mais qui n'en sont pas moins dangereuses à raison de leurs sourdes menées et des inquiétudes incessantes qu'elles entretiennent contre le repos de la République. Chacune d'elles vise à un coup d'Etat à son profit, ou du moins on le craint, et il est naturel qu'on le craigne. Que si elles s'aperçoivent que leur impuissance vient de leur isolement, comme, après tout, leur ennemi commun, c'est la démocratie, il n'est pas impossible qu'elles tombent d'accord pour dénaturer l'esprit de nos institutions, en modifiant le suffrage universel et les articles du pacte fondamental qui mettraient un obstacle à la prorogation de leurs pouvoirs; elles ajourneraient alors leurs espérances pour s'unir contre nous, contre la liberté, et exploiter en commun la République ainsi défigurée.

Dans cette situation, que doit faire le peuple, que doit faire le pays? car, pour moi, le pays, c'est le peuple. Ces quelques centaines d'écrivains, de journalistes, d'esprits turbulents qui représentent le bonaparlisme, le légitimisme et l'orléanisme, et qui voudraient pousser les grands pouvoirs de l'Etat aux aventures, ne sont officiellement rien à mes yeux, rien qu'une imperceptible minorité d'ambitieux rusés qui exploitent en ce moment la République pour en faire sortir une forme de gouvernement qu'ils pourraient exploiter avec encore plus de profit. Ces politiques attardés, qui se sont si injustement attribué le rôle de conservateurs, quand ils n'aspiraient qu'à détruire ce qui est ; ces prétendus représentants du grand parti de l'ordre, quand ils ne représentent réellement que le parti de l'équivoque, des coups d'Etat, des violations de la Constitution ; qui ne seraient plus rien du jour où ils cesseraient contre la République leurs menées souterraines, et où ils s'acquitteraient fidèlement de l'engagement qu'ils ont pris de la servir, de la faire durer, de la faire prospérer ; scandale vivant et toujours debout du mensonge, de l'hypocrisie, de la duplicité politiques ! Eh bien ! ce n'est pas le peuple, cela. Le peuple, c'est quelque chose qui parle avec plus d'autorité, plus de majesté, plus de netteté, qui dit sans détour, avec dignité, avec franchise : Je veux ou je ne veux pas de la République, et qui, à l'instant même, et sans se préoccuper des conséquences, met à exécution l'arrêt de sa volonté souveraine ; le peuple, ce n'est pas ce je ne sais quelle poignée de trembleurs qui viennent vous dire à voix basse, à l'oreille : La République est impossible ; il faut revenir tout doucement, sans bruit, sans encombre, à la royauté, et qui dans les occasions officielles, chapeau bas, crient de toute la force de leurs poumons : Vive la Constitution ! vive la République ! Le peuple, ce n'est pas ces alarmistes imprudents qui, pour se donner des airs de courage, viennent sérieusement proposer aux premiers pouvoirs de l'Etat de se concerter, de se tenir étroitement unis ; pourquoi faire ? pour faire respecter les lois ? Non ; mais pour les violer dans ce qu'elles ont de plus constitutif, de plus fondamental, la durée de l'autorité présidentielle et le suffrage universel, et qui s'imaginent qu'une pareille violation peut s'accomplir sans coup d'Etat et sans provoquer une horrible guerre civile.

Non, non, le peuple n'est rien de tout cela. Le peuple s'exprime plus sensément, plus nettement, dans son franc et énergique langage, et s'il ne voulait pas la République, comme on voudrait le faire croire, il y a longtemps qu'il s'en serait expliqué sans tant d'ambages, sans tant de détours. Je m'adresse donc au véritable peuple, sans distinction de classes ni de conditions, au peuple de la bourgeoisie comme au peuple du prolétariat, et je me demande ce qu'il doit faire dans cet imbroglio de tous les partis, de toutes les ambitions. Ce qu'il doit faire, le voici. Il doit s'adresser à cette coalition de coteries et lui dire :

« Pouvez-vous, oui ou non, mettre un terme à vos rivalités? L'accord est-il possible entre vous? S'il en est ainsi, voyons, dites-nous sans détour quel est celui de vous à qui je dois confier la direction de nos propres destinées. Voyons, jusqu'où faut-il remonter, jusqu'en 1830, jusqu'en 1815, ou même jusqu'en 1804? Allons vite, tombez d'accord ; quel est le monopole que nous allons constituer? Sera-ce le monopole d'un seul, le monopole de l'Empire? ou bien le monopole d'une famille royale, avec ses grands et ses petits colléges, et ses électeurs à 300 fr. et sa pairie héréditaire ayant bancs de princes et d'évêques? ou bien simplement le monopole de la monarchie bourgeoise, avec son pays légal de deux cent quarante mille censitaires, son armée d'agents de police et de fonctionnaires? Voyons, à qui et à quoi faut-il donner la préférence? A la royauté de naissance? Ah! ah! cela n'est pas du goût de messieurs de l'Empire, de messieurs de la royauté bourgeoise, et surtout des républicains. Or, pour ne parler que de ces derniers, ils commencert à faire assez bonne figure par leur nombre pour qu'il soit prudent de prendre leur avis. Hélas! j'ai bien peur que vous, qui reprochez à messieurs les socialistes de ne rêver que des chimères, vous ne rêviez encore moins que tout cela : des impossibilités.

« Aussi, éclairé par vos dissensions intestines, voici ce que je me propose de faire : Je vais, moi, peuple souverain, moi, la *voix de Dieu*, bannir de la scène politique tous ces ambitieux, tous ces intrigants de tous les régimes, qui ne veulent le pouvoir que pour eux, qui ne rêvent que monopoles et priviléges, qui se disent les amis de l'ordre, et qui tiennent réunions et conciliabules pour me ravir mes droits, pour les confisquer à leur profit. Il faut que toutes ces conspirations finissent, que tous ces mensonges cessent, que ces foyers de corruption publique soient étouffés, que ces Machiavels au petit pied soient enfin sommés de s'expliquer s'ils veulent oui ou non de moi, c'est-à-dire de la République, c'est-à-dire du gouvernement de tous par tous, et au profit de tous, ou bien s'ils ont encore l'envie de me supplanter pour créer à leur avantage exclusif un nouveau monopole gouvernemental, un nouvel instrument d'oppression et de répression. Trouvent-ils qu'ils n'ont pas encore assez fait litière de nos libertés? Pensent-ils que moi, le peuple, moi qui ai bu à longs traits, qui me suis enivré à la coupe de la liberté, je souffrirai leur quatrième usurpation, si par ruse ou par surprise ils trouvaient le moyen de m'enlever mes droits, de me dépouiller de mes franchises? Les insensés, ont-ils calculé les suites de leur usurpation ! Savent-ils bien que pour protéger leur pouvoir éphémère contre l'immense développement que l'esprit d'indépendance a déjà pris en France, grâce à la diffusion des lumières, à l'action indéfinie de la tribune, de la presse, des grandes voies de communication, et grâce aussi à la pratique du suffrage universel, il ne faudrait rien moins que mettre toute la France en état de siége, et que même cela ne suffirait pas? Comment ne voient-ils pas s'ouvrir devant cette insupportable tyrannie une autre série de révolutions, non plus politiques, mais sociales ! Comment ne voient-ils pas que le jour où ce nouveau despotisme tomberait sous la colère publique serait le jour des vengeances, le jour des grandes funérailles de la société !

« Je vous le dis, en toute vérité, la République seule est possible, car, au delà d'une dictature quelconque, d'un nouveau despotisme, je ne vois qu'une dictature de pillage, qu'un despotisme de sang. Au nom du véritable esprit d'ordre et de conservation, au nom de la patrie, menacée de tant de maux, ne courons pas une pareille aventure, restons dans la légalité, gardons-nous d'attirer sur nos têtes la terrible explosion des colères populaires, quand, pour la quatrième et dernière fois, moi, le peuple souverain, moi, la voix de Dieu, je rentrerais en possession de moi-même, au milieu de l'exaltation de la victoire, et dans l'enivrement des passions longtemps contenues et comprimées. »

— Plus de légitimistes, plus d'orléanistes, plus d'impérialistes, rien que des républicains. Pas d'insurrections, point de coups d'État, point de violations ouvertes ou déguisées de la Constitution. Sagesse et modération du parti démocratique se disciplinant, se modérant lui-même, se faisant à lui-même son éducation politique ; création d'un esprit public vraiment désintéressé, vraiment républicain; voilà en résumé ce que la nation attend de nous en ce moment, et ce qu'elle attend des électeurs rassemblés autour de l'urne du suffrage universel. Sinon tout est perdu, et plus rien n'est possible, pas plus la République que la royauté, et il n'y a à compter sur rien. La dictature alors n'est pas même un refuge, et le despotisme lui-même n'est qu'un abri incertain contre de nouvelles tempêtes. La France tombe en décadence, et il ne lui reste qu'à tourner ses regards vers le nord, vers de nouveaux barbares, qui viennent la régénérer en la subjuguant et en infiltrant dans ses veines un sang plus jeune et plus vigoureux.

Mais, Dieu merci, nous n'en sommes pas là ; car, si je ne crois pas à la conversion des partis, je crois à la sagesse du pays, et je ne doute pas qu'il ne trouve bientôt l'occasion et le moyen de faire entendre sa voix d'une manière tellement claire et tellement haute qu'ils seront bientôt réduits à se cacher et à disparaître dans l'ombre, avec leurs ambitions, leurs convoitises, leurs intrigues, leurs idées étroites, leur bagage de monopoles, d'exclusions, de répressions et de tyrannie.

Paris. — E. De Soye, imprimeur, rue de Seine, 36.